De Levente
4 textos para teatro performance

Josefina Báez

De Levente. 4 textos para teatro performance
ISBN: 978-1-882161-22-5
Seleccion del libro Levente no.Yolayorkdominicanyork, para performance.
Realismo panfletario. Saga simplista.
Texto ratatá en Dominicanish. Microrelatos del macro cosmo que es el Ni e'. Bucle interminable.
Eros con un pa'cá y un pa'llá, buscando lo que no se le ha perdido.
Una isla-pueblo-barrio-mundo-edificio.
Película diaria.
Documental de todos los días.
Donde si ves algo no se dice algo.
Se dice de más.
Aquí es Manhattan. Allá, Erre De.
Tú, yo o alguien a quien conocemos.
Dominican@ o no.
Ay Ombe   Serie Panfleto

I.Om.Be.Press
P.O. Box 1387 Madison Square Station NY, NY 10159
http://about.me/josefinaBaezAyombeT

A los Constantes

JFKSDQJFK

My name is Quisqueya Amada
Taína Anaisa Altagracia Indiga.
You can call me Kay.
El cocolo, mi timacle, calls me
chula. He calls me Chula and his
derriengue. And the rest Gorda.
They call me La Gorda.

Chiquita, gorda, mal tallá.
No soy vacana. Ni matatana
ni un mujerón.
Muy normalota. Molleta.
Una morenota.
Otra prieta mas. Sin na' atrá.
Bling bling ain't for me.
But you will not believe lo que yo
gusté en Erre De.
Well, not me, me, me.
But me my USA passport.
Me my many gifts.
Me paganini.
Me my hot hip hop steps.
Me mambo violento.
Mambo de calle.
Mambo rabioso.
Mi mambo sabroso.
Raggetón.
Bachata urbana.
Dembow, dembow, dembow.
Boleros not even in a dream.

Me my mami chula salsa swing.
Me Chercha Royalty,
Merengue Queen,
Bachata Princess.
Me Queen of the Can.
Domini   can   that is
Me, my bachata perreo.
Clothes and accessories
as in the lastest video.
Eee Ooo.
También mandé tres cajas de comidas
y dos drones, full de to'.
¡Hello!

In junior high I quitted a gifted program shit.
They were taking a lotta' pictures like if I was
from out of space or something.
And then the questions.
Same questions over and over again:
What it means to be Dominican-American to you?
What are the struggles that you and your family face every day?
What is your message to other Dominican-Americans?
How do you feel being the 1st Dominican-American to participate in this all white and Asian top-notch youth program and score among the highest?
Do you really want to know?
Do you?
Are you listening?

Are you?
Please Madam, write this down too.
I feel, I feel... like your fucking daughter will feel.
Your well-behaved daughter that I do not have the pleasure to meet...since we certainly do not live in the same neighborhood.
"And her Dominican mother works in a factory.
And no father-figure in the household.
That poor, bright girl, lives in a very dangerous neighborhood.
Everybody there is under the poverty level.
Her family can't understand her devotion to books.
They are clean but very loud.
Their eating habits are insufficient and not nutritious enough, as science can prove.
And still Kiskiya? Kosquiya Amara has an unbelievable rich vocabulary, exuberant critical thinking abilities and incisive humor. She always exercises values of truth that we do not know from where she learnt them.
But she is too passionate, to emotional.
Too verbal, to direct.
Too Hispanic. Sorry. Latin?"
That was in my keep confidential report.
Fuck that shit.
This was my mother's real first disappointment with her first and only daughter. She told me so in her own ways:
-ahora es que tú y yo vamos a hablar inglés.

- aquí ahora se va a bailar el merengue de Eroína.
-comenzaste temprano a caminar como cigüapa.
-culito buscando fuete.
-hija eres, madre serás.
-porque tú te gobiernas; porque tú te mantienes; porque ya tú eres una mujer hecha y derecha, verdad?
Gifted? You must be kidding. We were just a bunch of insecured, unhappy, competitive, horny, motherfuckers.

You know the deal.

I did play el topao, volley-ball, pan caliente, el cagaito, romil, ajedrez, Uno, scrabble, Trivial Pursuit, Nintendo, Playstation, Wii, parché even vistilla.
But my weakness was-is- always to play a la botella and then, mamá y papá. Tema de composición dos puntos,
Los varones. Subrayado dos veces.
Si. Los varones.
Los varones, los varones los varones.

Mom divorced Di Ar instead of divorcing the one she never married: my biologico.
Fuck that shit.
I am going home.
Home-ish.
 If you know what I mean.

Going. Going. Going.
Gone.

I'm rich shit. I have 33,000 pesos.
Más 20 pesos más. And 1,000 dollars to change.

Love this town.
This country must be very religious and very very rich. There are many churches in every barrio. And many bancas in every single block.

I love this town. My mom was born here.

This doesn't look like the photos or the Santo Domingo invita thang.

Ay Dio', with no shame se agarran, se separan, se rascan, se pellizcan, se sacuden las bolas.
¡Lord have mercy!

Love this town. I was conceived here.

Y el global warming no les ha dicho
a estos hombres que ni los pingüinos
ya se ponen flú.
Damn, people here are so skinny.

 Mira, mira, mira, una bolsa grande de Conway.
Oh sorry comadre, I forgot what is bolsa for us here.

¿Cuál, cuál, cuál de ellos?
Oh that's your bolsa ummmmju'.
El compadre es flaquiiito.
Y se para derechiiito.
No es muy alto. That's why.
El compadre vino como dice mi mamá,
con una trulla.
They're checking me out. Me too.
I'm checking them out.
La trulla me chuba a un jabao que ellos
llaman El Sueco. I am not into no jabao.
Fuck that.
Many in la trulla don't work.
They still live with their mothers,
mamagüebiando.
I knew it, I knew it. I knew there was a damage.
I knew it. ¡Far Out I did. I knew it!

Me gustó el más negro de todos. Porque el
negrito de la vida tiene que ser negro de
verdad.
No habla mucho, ni necesita hacer reír a los
otros.
Espero que baile salsa.

Ella-el-Pueblo(s)
- ¿De dónde tú eres aquí?
- De aquí. Mi famila es de aquí.
¿Pero cómo me preguntas eso
yo encuera muchacho?
-Sin ropas es más fácil decir

verdades y mentiras, Gordi.
-Oye a 'ete. Donde mi familia vivía
me dicen que ahora hay un car wash.
.¿Cómo tú pronuncias eso?
-car wash
-ay mami qué lindo tú hablas.
-Mira muchacho deja la muela.
 LOL

Sorry that I jumped to our 1st motel date.
The enamoramiento part was not unique.
It was as my mother told me. He even used the
 same exact words that she said sooo many
times.
You know, the usual güavas:

"¿ves esa estrella?, es tuya"
"y cuando tú te vayas, ¿qué me
voy a hacer? Tú estás en cada lugar aquí"
"te regalo esa luna llena"
"me estoy acostumbrando mucho a ti".
"¿Dónde tú estabas? Te he esperado toda la
vida".
"Tú eres hecha a mi medida"
"Yo nunca había conocido a nadie como tú".
-¡Achu!

Even though I knew he ain't for real.
My eyes became stupid, como los ojos de las
otras mujeres enamoradas. I mean stupid. Real
stupid.

I paid in my heart and in pesos for his company.
I paid every bill. Moteles, restaurants, disco, Basílica, frituras, gasoline, pal' río, pa' la represa.
Y por unos fucking pantalones blancos que él no quería, él ne ce si ta ba.
I paid. I gladly paid. But for sure, he is one dude that cannot impress me ever. Yo fritura circuit king, you cannot impress me spending other people's money.
Especially, my money. Ay ñeñe. Fuck that shit.

-¿Mami, cómo tu ta'. Tú tá asutá?
-¿Asustada? ¿Tengo que estar asutá?
More, de lo que yo me asusto tu te mueres. ¿Asutá yo?
-Eso es lo que todas ustedes siempre dicen.
-¿Ustedes? That's plural honey, a lot of people involved.
I don't do trios. And no fucking for, on, in a video.
I ain't no swinger.
Don't count me in.
-Ya salió la dominicanyork.
-Pena. Salió y no llegó.
-Mami, tú si te ves linda peleando.
-Que disparate es ese. Mejor me veo fea and get my point across. Papi.
-¡Tienes mieeedo!
- ¿Miedo? Ay muchacho, hasta ahora sólo le tengo miedo a las banderas.

-¿A las banderas? Tu ta' loca muchacha.

¿Yo?
York-dominican-york.
York Dominican, Dominican York,
York Dominican York, dominicanyorkness,
DominicanYorknity, Dominicanyorking,
Yorkdominicania, Yorkdominicanyorkneo,
Dominicanyorkiando, Dominicanyorkinidad.

-Gorda no te había visto esta semana.
¿Dónde estabas?
*Donde tu crees? En Brunei. En la boda de la hija del sultán. Yeeeah right. Metiéndole más horas de overtime a ese 99 cents que lo que el indúo ese puede pagar.

Yo no sé quién fue que escribió toto en el elevador.
Pero fui yo quién escribió todos los nombres y apodos posibles del bin bin, en los dos idiomas.

Cada semana le pregunto a mi madrina como conoció a mi padrino. Me dice exactamente lo mismo:
"Fue en una fiesta aquí. En el Happy Hills Casino.

Yo estaba una muchacha. Me recuerdo como ahora el vestido que llevaba. Parecía de las Supremes. Los cabellos recortados como los Beatles. Así se usaba.
Él desde lejos me hizo así con el dedo (moviendo el dedo índice en forma circular. El dedo apuntando para abajo). Yo bajé la cabeza. Sin mirarlo le dije que si. Bailamos y bailamos, hasta el sol de hoy".

Going. Going. Gone.

First I went in December, con la Comadre.
You remember. Right?
Then febrero, Semana Santa, para las patronales en agosto and the loquera
ended up in December. Safe, sound, no herpes, no AIDS, no pregnancy.
Thanks God!
In February, for a moment, I saw myself buying all possible crap in Macy's one –day-many presidents' sale. Everything but a rice cooker.
Por razones apagones, los calores, los dolores. ¡Qué cojones!

And then, there was el jabao rapa bueno, el pinto, andanita, el más viejo que yo; el más joven que yo, que es tan bueno que es malo-too good to be true.

Hay que matarlo sin uno saber por qué.
Como ahí, de plota. Yo soy bueno llévame pal' norte. No comerá ni piña ni limón, por eso del desarrollo. También el papi chulo; el de mi misma edad; el gordo, nothing great that I should send an email home.
El casado, que se pasa la lengua por los labios mil veces creyendo que así es sexy; el político cara e' mime; el cadete gago; el del front desk; el universitario con su cara de frito; el chopo vestido de serio; el artista, pintor de la playa a la que él no puede entrá. Pinta gentes con cachimbos y frutas injertas. Pinta lo que era, lo que había, lo que fue; el pelotero, que según él está casi firmao; el circunsisao; el metro-sexual que toma vino y es un fao; El Colorao, que desde que él se va se le llama Caco e' locrio; el licenciado; Kawasaki-orina lejos.
El enano-pineo-pipiolo, alias "Muestra médica", que es cristiano. Un cristianito. Un cristianito con su gozo en su alma y su río de agua viva en cen día; el Gringo del Gagá, no el de la Bachata. To'largo, lo llamo yo.
Su mamá lo llama Mangansa. Su juntilla, Geño. Lo llaman Detelengue tambien; el Barraco que brega con tinacos; el Montro que instala inversores, también el Matatán, el Chino y el Árabe.
La gran oferta sin repetir cartones, amounts to more of the same. Muchos cuentos colorao y la jeva verde.
Diciendo pero no haciendo.

I meant frescuras.
Pero no creas que me eche a todos los de la lista.
Hubo mucho amague. Muchos querian cuartos. Moneda por coger 'guto. Y e' facil.
Ni tu me pagas, ni yo te pago león.

El universitario me enseñó que los dueños del país son los grupos. Grupos financieros de animales con flú. Dominicanos por accidente. Tutumpotes y limpia sacos en yipetas.
¡Bien!
El nunca saldrá del pais. El echará el pleito de la vida allá. Como el mejor de los dominicanos.
¡Bien!
Me dejó porque él no iba a darle guto a una mujer que viva en Estados Unidos.
¡Bien!

El metro-sexual se la busca arreglando a los turistas del crucero. Pero él dice que no e' pájaro ni bugarrón.
¡Ajá!
El chopo anda con un pitolón. Needless to say que el romance duró un sólo día. Obvio. Yo con vaquero del oeste, este, norte o sur, no quiero na'.
El montro quiere que le traiga un data show. Pero yo ni sé lo que es eso.
El papi chulo me dijo que él era una figura pública.
What the fuck is that?

Al Matatán le llaman matatán porque dice todo
lo que hace con las mujeres.
Un tipo de eso sólo toca, otro no besa.
Siiii, singa sin besos. Can you believe it?
to fuck without a kiss. No, no, no.
A otro no se le puede tocar. Yo a ti si y tu a mi
no.
¡Aja!
Otro mete deo' y deo' y no se da ni cuenta de
que eso duele; que eso no da guto. Que así no
e´. De aquello na'.
O se queda en el pozo. Or no visit to the well.
Jú.
Otros con los ojos siempre cerrados.
¿Y que e'?
Kawasaki después de sus tres frías, que él llama
vestidas de novias, me decía: contigo es que
yo quiero tener mis hijos. ¿Y a él, quién le dijo
que yo quería hijos?
¿Y a él, quién lo hizo el voluntario?
¿Y a él, quién le patrocina los toyos que dice?
¿Y él, from which time zone is he coming from?

Señores, yo probé a un gringo en Erre De.
Can you believe it?
Otro más de los que están haciendo un estudio
sobre nosotros. Vino con su cabeza hecha de
cómo somos.
No tiene la decencia de cambiar ni un chin,
aunque pase por todo lo contrario.
Dominicano malo-haitiano bueno.
Gringo sabe-dominicano obedece.

Irresponsables-responsables
Simple-thoughtful, wise.
En su cabeza esto es un quitao.
Las morenas de aquí se mueren por los rubios de allá.
Sera que los rubios de allá se mueren por los morenos de aquí... Anyway, the weeklong romance, ended en un pleito bilingüe a la entrada del batey. Le dije bien duro a ese mamagüebaso from green belly on; que lo de el se sabe; que la universidad le paga en dólares por cada buena y mala noche que el escriba sobre nosotros los "salvajes".
Mira cabronaso, macrón, cabrón, do not thank me in a book that we will not even read; you fucking fuck get the fuck off from my fucking front. I do not want to see my fat black ass in a fucking Powerpoint presentation shit. 'Cause I will go–where are you from again?
I will go to Oklahoma, Kansas, North Carolina even Montana and 'll fuck you up real good.
Yeah, I will end up in the Most Wanted.
But you will be six feet under, fucking organized fuck.
Yo sé que tu segundo apellido es hispano y de dónde viene tu mai. Rodrigis, Rivira, Gimenez, Piriz, Moralis.
But from now on your name is Christopher, el descubridor, encubridor del norte. Mode foke.
Oooh you dance bachara, miringi, Oooh thank

you, thank you, oooh you really like us. Get the fuck out ¡shoot¡
Tu casa no es mi casa. Mi casa no es tu casa either piece of shit.
 Los de las universidades son gente muy raras. Estudian medicina para salvar a la gente pinchando a animales; estudian a Cuba desde los países; a los bailes del sur, en el norte y a todos nosotros, con las mentiras que le dijimos al censo. Antes de investigar ellos ya saben el resultado.
Imagínate si hay verdad ahí.
Se lo creen y le pagan un truck de cuarto por eso.
Ay Dio, hasta uno de esos raros tuve.
¡Misericordia Señor!
Ooooh cuando yo digo algo es ofensivo.
Cuando tu dices algo es analizando.
Que si nosotros no queremos ser negros.
Que si la identity. Que si la raza. Ven, vive en la olla que vivimos, sin la moneda que te envian, entonces vas a saber porque no queremos nada que este cerca de lo jodido.
Cuando una negra de aquí se desriza el pelo, she is in denial. Si una negra de otro lao' se desriza, ella está solo experimentando con la variedad posible.
She is just re-inventing herself, seizing possibilities.
Si uno de aquí se empata con una blanca, he is racist.

Si un negro de otro lao' lo hace he is in an interracial inclusive quest for the betterment of humanity.
What the fuck is that? Your truth measures people differently.
¿PhD ley propia?
Habla lo que quieras. Esa boca e' tuya.
Pero yo hablo lo que quiero, por lo mismo.
Hablar de lo de afuera e' un quitao. Habla de lo de adentro.
Pa' que vea cómo se siente. Donde quiera vas a encontrar lo mismo. Todos hacemos lo mismo.
Háblame del por qué y vas a ver como los tuyos son también culpables. ¿Tú crees que yo no leo?
¿Tú crees que yo no pienso?
Tu sabes tanto que sabes a mierda.
Es más, quítate del medio, quítate, quítate, quítate.
Christopher-Salvador-PhD-bilingüal, buscón.
¿Tu crees que nos estás haciendo un favor?

¿Dónde estuvieron que no los vi?
¿Dónde están que no los veo?
cabañas tu rísticas   Tú y Yo Aquí
cabañas turis ticas   El Sua Sua papá.
cabañas turisti cas   Un Chin
cabañas tu ris ti cas   Mi mañanero
cabañas turísticas   El Deseo
cabañas turísticas   Mi Cielo, atendido por su gentil propietario el Mudito.
¿Y los turistas? ¿Dónde están?

Cua cua cua, que risa me da.
¿Tu ris ti cas?
Los turistas están en sus potreros resorts,
sin ley para su mamagüebito illed- twisted
vice-delights.
Eso tiene otro nombre. Eso tiene un nombre
fino.
¿Como se le llama a eso?
Pedofilia.
Eso. Eso. Eso.

La trulla me dice ahora "La beca. La beca
gorda. Gordi la beca".

Oye lo del tíguere del front desk cuando anda
montao:
"Negro er' diantre quítate del medio. U'te no
puede negá que e' un haitianite Compadrite,
Congó, mañé, negri-yi-pí".
Pero el es igual de prieto que el caminante.
Es que en su trabajo él cree que todos esos
rubios a los que él les sirve, son sus espejos, son
sus panas.
Se creyó los good mornings, obrigado, Danken,
Merci, bello regazzo, thank yous y I am sorries.
Mamatranca.

Who the fuck you think I am? ¿Amada
Amante? ¿...a la misma hora, en la misma
habitación?
You must be kidding yourself.

Andanita anda dando asco,
dando pena y dando serenatas.
Ahora que sabe que ya no hay beca.
Que se acabó lo que se daba.
De beca pasé a ser la bilingüal bacá. Sólo por el sacón de pies con cabeza fría, corazón alerta y cintura en su sitio.
Ya no hay rotos en el bolsillo pai.
No soy ni vaca, ni beca ni bacá.
¿Cuidado?
Who the fuck you think I am listening to, José José?
Pleeease. Talk to my hand, 'cause you ain't my man.
hombres, hombrecitos, monicaquillos y sombras.
Shady business ah. Or too many shades in business?
But for real, is it too much to ask,
to have commitment with a lot of frescuras included?
Do you know what I mean?
La pela de la responsabilidad con toda la miel del guto papa'. Con ese fuete que es el compromiso, por eso dame
más 'guto y más mambo cariño.
Es que a mí no me gustan las sorpresas.
¿Habré comprado yo coño un chuflái?
More, more, no, more no, no te estoy pidiendo una flor, cultivada en la, en la, en la luna. Coño ¿te cuesta tanto vivir en la verdad?

No, no, no me callo no, esta boca es mía,
déjeme, déjeme. ¡Damn!
Si hay fraude horizontal, hay fraude vertical.
And vice-versa, babe.

So from December to December, I was
Body-hopping. Hoping for love. "looking
for love in all the wrong places."
Parecía que la princesa del cuento estaba
encendía.
En la chercha besó a un truck de macos.
Who can learn how to swim if the river te llega
al tobillo.
¿Y a la playa no puedes ni entrar?
¿Hacerle rolos al calvo? Aja'.
¿Bajo pa'bajo? ¿Me viene con eso de que sólo la
puntica?
Subo pa' rriba.
¿Para ponerme nerviosa de los nervios?
Aja'. La princesa se quedó con la bemba untá
de macos. Que se convirtieron en tigers.

Ahí viene ese care-culo con su cámara a
preguntar vainas...
-¿Cuál es su nombre joven?
*Solange.
-¿Usted es dominicana?
*Depende a quien usted le dice dominicana.
Yo nací aquí pero como soy prieta...¿Eso es lo
que usted quería preguntarme?

-No, digame, ¿usted cree que esos senadores de Estados Unidos tienen el derecho de venir a decirnos a nosotros - un país independiente y soberano, con viva emoción y decirnos como tratar a los haitianos?
*Si. Ellos pueden. Ellos son los dueños de todas las playas, son los turistas, son los clientes-compradores de todo lo que ellos dicen que siembren...dan préstamos y les regalan computadoras y camiones de basura viejos y visas a Miami... ¿tu crees que eso e'dao?
-El Mercado de libre comercio...
*Mire, mire si es comercio no es libre.
Libre ni la lucha. Mire, esos senadores deberían de mandarnos a todos los dominicanos de todo el mundo pa ca'.
Un haitiano por un dominicano. Un haitiano en Erre De por un Dominicanos de los países. Un haitiano por un dominicano. Y ya se acaba la vaina.
Esto no es de un carguito, ni de un nuevayork chiquito. Tampoco crean que yo voy a trabajar construcción, cortar caña ni ser marchanta de nadie. Si se van los mañenses, que breguen en sus puestos los blannn cos y radiannnntes... do mi ni caaaaa nos.
Siii saquenos a to' los prietos y pobres.
Para que se coman entre ustedes.
¿Quien va a ser la muchacha o construirte tu cabaña?
No me amenace. Yo puedo decir lo que me venga en gana.

¿No querían democracia? Cojan democracia por todos sus lados.
Ademas, si some Hazoury es dominicano so is Pie lui.
Si some Chang is dominican, so is Pie lui.
Si un Bonnelly es dominicano, so are all Pie lui.
Un Reid Es.
Un Lui también.
Yo, Yo no me llamo ningún Solange.
Yo soy Quisqueya Amada Taína Anaisa Altagracia Indiga.
Una York-dominican-york. La de tus remesas.
Tu vergüenza. Tu riqueza. ¡Pa' que sepa!
Mode foke. Kay Presidente 2016-2060.
Dígale no al voto. Eso sí es piratería.
El pueblo unido gobierna sin partido.
Dígale no a to'. No pague la luz ni el agua que no le dan.
No se paga por china agria.
La moda con Kay. Los varones con Kay. Las mujeres con Kay. Los tigeres con Kay. Los pajaros con Kay. Las chivas con Kay.
Las mariposas con Kay. Los cueros con Kay. Los pobres como Kay... Con Kay empleos. Kay por pobre. Positivo con la prieta. Kay presidente 2016-2060.
¿Que llego quien? La vice con sombrero.
Que papá ni papá. Ni Manilo sweet candy.
Aqui llego esta mami. La dueña del neither. La presente ausente. En palabras finas, yo la diáspora.

Tu metura. Tu arro'.
Diáspora Sancocho. Locrio Diáspora. Diáspora mangú. Moro diáspora. O cómeme con pan. Diáspora con pan. Diáspora se come con pan.

In a year I became a bagazo. Getting closer and closer to be a querida.
But seems to be that aquí querida does not mean bien amada.
La querida se convierte sólo en la sucursal, con hijos y los mismos pleitos que la doña.
Querida sólo en la canción del Juanga.
Queridaaa.

Ya yo sé por qué me dicen la beca.
Diantre, que fuerte.
Me he quedado como vidrio de Belén.

Por fin, hoy vi on TV al afamado Jack Veneno que mi mamá menciona tanto. Ella tiene razón, por aquí sigo yo arriesgando cabellera y faja, sin volar por los aires.
Como el monje. Loco.
We do have issues. Big time we do.
Real fucking issues. All issues about fucking.
Fucking becomes an issue. Fuck that.
I won't even try that powerful arm in just a tablespoon.
Fuck that too.

Míra la allí, a esa Dominicanyork
¡Puta!   ¿Señora?
En medio del parque, en plena Santa
Rosa, mira con ese parque full de gente,
la mujer del Pinto, ella élla y yo la otra,
ella la buena, yo la otra, la mala,
me voceaba:
"Cuero, cuero, cuerillín, cuero Viejo"
No, could not be, I paid him. Go and eat
some frituras and shut the fuck up".
¡Mira, no me prendas velas, que yo soy el sol!
Y tú también.
Mi altar está a la vista. El tuyo no.
Oye a e'ta como me llamó, "Esa
dominicanyork".
Como si ella y yo fueramos diferentes.
Aquí o allá. Somos las mismas.
Las quisqueyanas valientes.

Raulín lo dijo, uno se cura.
Remedial –basic- 101- first before first-aprendí
la lección. No more flunking allowed.
Lección única: If I am here, he better be here
too.
Amor de lejos, amor de... tres, amor de cuatro.
Uno se cura si.

-Gorda, gorda, gorda.
Tranquila quieta. ¿Que dice ute Dispacher?
-el 10-12 espera tiempo tiempo tiempo. Copy
copy copy.

-Esta habla en tres. No matter si esta en su trabajo o en el Ni e´.

This fucking people in this fucking City with their fucking backpacks are not fucking aware of shit. They are fucking hitting every fucking people they fucking meet. And with their fucking I am sorry they think they are fucking solving their fucking rudeness.

My mother has her own La Romana.
It´s usually visible on Saturdays.
She cleans the apartment.
Does compra, laundry y se lava la cabeza.
Su cocina decorada con un calendario de la iglesia a la que ella no va. El calendario tiene la virgen de nosotros, pero que es Española.
Beats me.
Su set de ollas que ella ganó en un pellizco, antes de yo nacer y no usa. Pero se ven bonitas con su historia y sus flores del sol.
Las cortinitas de cuadritos rojo han visto caer mucha agua y nieve. Todo lo que hay en esa casa, está ahí desde cuando ella trabajó por 20 años en la factoría de muñecas. Ahora como school aide sólo puede pagar renta, comida y uñas.
Hoy sábado también hace un sancochito con bollitos de plátanos. Arroz blanco al lado. Y si consigue agüacate, la tripleta man.
Ma, Ma aquí en los escalones.

Ma, apúnteme.

Mily, Jocelyn y los vecinos. Ventura, Su Combo Show, Los beduinos y Sus Magos del Ritmo, Cuco Valoy, el Conjunto Quisqueya, Henri Fiol, Charanga 76, La Guillot, La Broadway, Lolita, La Lupe, Lupita D'Alessio,
La Sophy de Puerto Rico.
Tania de Venezuela.
La Claudia de Colombia. Vicky Carr. Los Panchos, Ledesma, el Lucho Gatica. Como quisiera decirte, los Ángeles negros. Es que quiero que estés conmigo como en un final de cuentos. Tu ya no me quieres-Caffaro En Ruinas. Then, por supuesto, yo ya no te busco. Expedy Pou lee el diario y la injusticia le inquieta. ¿Te gusta el cine? Zafiro. ¿Y la música? Negra Pola. Ding dong ding dong Favio. Pirela, Chucho Avellanet, Braulio, José José, Anthony Rios, Roberto Carlos, Roberto Yanez, Cariñosa, fuiste tu milagrosa... caaaaariñosa. Miltihno no despiertes al mi amor. Ay rocio de la madrugada.
Invitacion a una fiesta.
Tito Rodríguez. Tito, caribeño tres veces. El mismísimo Tito de mai cubana, pai dominicano, nacido en Puerto Rico. El pari, el carrete, el reventón, la fiesta, será de besos. Uuuuy eso si está bueno,
vida mía acepto el invite, no RSVP necessary baby.

Mira, Tito Rodriguez me enseño una palabra
nima´ liiiinda: sacrosanto. Sagrado y santo.
Bueno dos veces.
Ayayayyayayayyayayyayayayya.
Se pararon las aguas: Y la luna sobre el Jaragua.
La Espiga Rafael de ebano Colón. Nicolas
Casimiro.
Danny Daniel, Juan Bau, Camilo Chesto,
Javier Solís. Demis Roussos, you are my only
fascination, my sweet inspiration.
Sandro, Armando contigo aprendí Manzanero.
Sandro, lo juro por esta. Danny Rivera, me viste
como mariposa. Y tiene muchos panas allá en
Barrio Obrero. Y a lo de Llorens, también los
quiero.
Por eso tiene la carátula más linda de todos los
tiempos: él con su afro y su muchachito adentro
del overall.
El. Charles ¿quien? Aznavour. Me pondrá un
clavel. Y diferente. La gente. Como un cascabel.
¿Quién, dime dulce bien? Le diré querrrrido al
igual que a...
¿Quién? Tell them Negra, tell them Toña. Tell
them. They forgot about black angels. They
forgot?
That´s a lie, that's a lie, that's a lie. That's a lie.
Mentira. Mentira. Iglesias. Mentiras. A veces.
Mentiras.Tu Julio,
a veces. Abrázame pobre Diablo. El mismo
Julio que hizo su agosto con el Parque del Este.
Convite, Convida.

Joan Manuel Serrat, Rodríguez, Nicola y Milanés.
Expresión Joven, Señor Gobierno. Siete Dias con el Pueblo.
Señor va a limpia? Ponmeloahiquetelovuapalti.
Causalmente Mercedes preguntó por ti, Blanca, Gilberto. Monroig. ¿Y si las flores podieran hablar?
 El pequeño gigante Nelson Ned. De Nuevo Mil violines. Chucho.
La Pandilla, gracias al amor. Y todo gracias a tu amor. Vuelve. Ooooh vuelve.
Marco Antonio Muñíz. Joseito Mateo. Dias.
Liborio no come pendeja.
Y mientras me castigas, te castigas y sueñas con Eddi Palmieri y como el lunes no se trabaja, el sonero, nazareno, incomprendido Maelo.
Pacheco, Lavoe, Henry Fiol, aquí en la grande, la mas potente del este. Si, porque el sol sale por el este.
Un verano en Nueva York, Nueva York, Nueva York, Nueva York Nueva York.
And in vocals, Angel   Luis   Canales.
Grabaciones en cassettes del monseñor de la salsa, de Jesus Sanchez-locolocolocoloco Radio mil informando y de la gente de la salsa canta boleros.
El Super Combo Perla. El Rubi Combo.
Los diplomáticos de Haiti, Tabou Combo-la inflación es general y Ska Sha # 1. Los Paymasí.
Lo primerísimo de Los hermanos
bomba, bomba, bomba, bomba.

No te pierdas, mi mama con: Donna Summer, Barry White, Earth, Wind and Fire,
¨Go hotel, motel whatch you gonna do today- say what? -la joya de Sugar Hill Gang, Stevie Wonder, Michael Jackson,
los Bee Gees, K.C. and the Sunshine Band, the Beatles, Abba greatests hits including Little one-hasta que crezca, los Estilistas y un disco de Santa Esmeralda.
Un LP en Portugues con los greatest hits de Brasil. Of course, The girl from Ipanema esta ahi. Tambien O Pato en el lado A. A mad surprise. Victor Irrizarri, el de la Soga y la cadena.
Que suerte he tenido de nacer la Silvestre, domingo de noche. Arañazo included y Fausto Rey, le amenizan el bailable.
 But she always, always starts with Julito Deschamp.
She sings her heart out.
"Aaay como duele y molesta una traición aunque sea en la imaginación como duele..."
Those same songs I love but in their merengue, Rap, ripped parrot, reggaeton, salsa or bachata fusilamiento-versions.
¡Redundante!   ¡Mother!
Before, she used to cry. But now she stands -up, se pone las manos en las cinturas y se menea como el moreno hermoso de Los Potros. And ends up saying:
Pal carajo to ' el mundaso. Mierda e',
el pasado no existe ni en el pasado mismo.

Se va para donde los chinitos, que no son chinos na', a hacerse su French manicure. Cuando regresa, al nicho 5B del panteón Ni e', como ella le dice a su apartamento, se sienta tranquila a hacer la homework de su community college.
Eso es ella, que no cree ni que los gringos fueron a la luna.
Ella está muy libre y muy sola. Pero por lo menos no está triste.
Pero yo... yo nací para el foqueteo.
Los varones, los varones, los varones.
Sigo tratando hasta que me salga bien.
Tratando uno se entretiene muchísimo.

Me curé. Ya me curé. Ahora sé que to bake el bizcocho del amor, uno no se puede llevar de nada de lo que dicen las canciones, los libros, las películas.
Ni lo que dice tu amiga. Ni lo que dice tu mamá.
El amor no es una cosa del otro mundo. Es de este. No es una gran cosa. Son muchas cositas buenas.
Este hombre es fresco. Que bueno.
Este Dominic-haitiano-yorkino me sabe los trucos.
Me acoteja. Me ama con el requinte y la ñapa. Me arregla very well and often. Changing the oil frequently and sweetly. Good and true. Fine, refined and mellow.

Míralo durmiendo, que lindo. Duerme como si estuviera bailando. Con las manos en las nalgas. O las manos por adentro de los pantaloncillos, calentándose la mano con una nalga. O me cuida su cosito… durmiendo así con las dos manos entre las piernas y sus rodillas dobladas como sentadito.
Míralo qué chulo.
Su comida aparte en cuestiones de caricias.
Besos en los hombros. Besos en los tobillos.
Besos detras de las rodillas. Caricias suaves, pero yo sé que es un hombre el que me toca.
Ay Dio', ¿cómo te explico?
Tú me copias. Tú sabes de eso también.
Nos bañamos juntos varias veces a la semana.
¿Adivina a lo que nos pusimos de por vida?
Jugamos a quien se le caiga el jabón primero.
Los dos siempre salimos ganando.
Amanecemos todos los días como el 77.
Solo nos falta bañarnos en agüa lluvia.

El Ni e'

Texto para un actor o un elenco de varios actores.

Accion principal sugerida para el montage:
Todo el texto dicho por diferentes personas/personajes (narradores y hacedores). La accion de la pieza es el 'arreglo' del los personajes y 'apartamento' para un 'Baby shower'.
El 'Baby shower' tambien acontece.

En algunos textos todo el cast podria hacer dialogo directo con lo que se dice. Otras veces la 'narracion' y accion van paralelas con la accion del Baby Shower.
Los personajes poblan el espacio de accion principal (escenario), espacio de la audiencia y las zonas laterales.
Un andamio podria dar los espacios de los apartamentos.

We all live in the same building. El Ni e´.
My mother, grandmother, la comadre-mi madrina, el ejemplo, la quiero a morir.

Estela La Colora' del 3A.

La flaca del 6J, la que jode con los jodedores
de la esquina. Y cuando ella jode, la línea
J completa lo sabe. La cama salta, ataca.
La cama baila. Y la música a mil.
Y todos cantamos "Sigue flaca, sigue, sigue".
www. laflaca punto com.
Estela, la higueyana. Josefa, la del 3E,
que desde que puede te repite la historia de
ese novio que ella tuvo cuando el tren costaba
35 centavos: "Entre nosotros no hubo nunca ni
un sí ni un no. Nunca dijo ni esta boca es mía.
Ese era un hombre. Tenía detalles.
Siempre subía por lo menos con un contén
de leche y siempre bajaba la basura".
Tenemos a Ramona la que vende ropas
de marca, pampers para muchachitos y
viejos y joyas de plata.
Doña Altagracia, la que cuida niños y
los busca a la escuela.
Miledis la que arregla uñas, hace tubi,
rolos. Y pasa el blower.
Dorca, la convertía que hace cortinas
y cubrecamas.
Argentina lee taza. Bélgica traduce,
llena formularios y los taxes.
Minga, la que camina para que la vean.
Anda tuti, cuerpo ñoño. Porque ella se siente
buenonga. Privando en su rabo parao.
Su fuiche pullú. Su culazo.

Asia da cantinas.

Ada da consejos. Incluido el de lavarse con
alumbre.
Y Miguelina, la del 3m, se lo da al bodeguero.
Ese que le dice "primo" al barrio entero.
Clara, la negra grande de Hato Mayor,
hace todas las Horas Santas.

Mariita la seybana es la farmacia dominicana
en los países.
"Todo lo que te duele se puede curar con
la medicina de donde tu naciste muchacha.
Y también con medicina alemana que se
vende allá". Ella tiene unos tesecitos llenos
de químicos y un chin de jugo de limón que
son cuchilla para la gripe; un bálsamo inca,
con letras chinas, hecho en Erre De; medicinas
bilingües que una sola sirve para diarrea o
estreñimiento; óvulos para flujos y para
apretar, polvitos para lavados bucales o
vaginales; que te engordan o te ponen flaca;
que te aquietan o te dan energía.
Y trabajan sí.
Y para los moños ella tiene un closet entero
lleno de crema negra, espíritu de canela,
rinse de suela, champú de verbena,
la placenta de un parío, üela de romero,
la agüita de Richard's, lecitina del huevo, l
a leche de coco, semilla de lino, gusano
de seda, esperma de ballena. Será de balleno.
Aceite de oso. Unjú, Aceite de oso.
Osos en Erre De.
Y Crecepelo-apretadora-garlic cream-cebolla

cream-cilantrico y verdolaga, la bomba-baba de caracol-barro y arcilla-melaza de caña-todo en uno-embrión de pato. Todo eso lo venden aquí pero ella todavía lo trae de allá y nosotras se lo compramos.

Janitzia, es de México. Nació en una isla en medio del lago Pátzcuaro. Se oye chulísima cuando dice "El mamagüebo ese", refiriéndose al dominicanaso papá de sus hijas. Las hijas como la mai con nombres de sus islas, La Pacanda y La Yunuén.
Su ahorita es ahora. Por eso es la dueña de todos los puestos de "Jugos naturales de frutas DominiMexi" del barrio. Antes vendía flores y se la llevaban presa. A ella y a las flores. ¿Adivina el crimen? El mismo tuyo, que está aquí sentao quitao de bulla.

Daniela es una madre joven con ruedo que le pesa. Esa muchachita salio con la barriga cuando en el grupito tenían cada una 15 años.Con su barrigota tomo su GED. Trabaja y atiende a su muchacho con un amor. Las muchachas no la han dejado sola nunca. El Viejo que la preño nunca más se vio. Danielito no hablo hasta los 4 años.
Es autista. Acaba de cumplir 12 años. Increíble. Es experto en flores. Sabe los nombres en latín de todas las flores. Se ha cambiado su nombre a Helianthus.

No contesta si no lo llamas así. Puede buscar en
el internet. Busca flores. Solo flores. Lilium,
Pelargonium, Anthurium Andranum,
Apathiaphylum Alana, Cymbidium,
Cyclamer Persicum. Su madrina, Kay, le dice
Chulo Girasol. Girasol Chulo. Cantandole
luego partes del Jardinero de Wilfrido. Con oír
esto se le ve una sonrisa.
Y le abre los brazos a la Gorda. Es una
bendición muy especial ese Girasol.
Me saca sonrisas y lágrimas cada vez que lo
veo.
¿Quién será esa alma grande que vive en ese
cuerpo que no hace lo que hacen los otros
muchachos de su edad?

Está Doña Petra. La única cubana que nos
queda.
No conoce a Juana. Es la que todavía tiene una
poli lak. Cuando sale deja el radio prendío para
que los ladrones crean que hay gente.
Radio WAO en Nueva York. A Doña Francia le
mataron un hijo en la cárcel, otro en Irak.
Y un sobrino en Afganistan a quien le dieron
ciudadania postuma. Gana 3 pesos en palé
cada mes. Dicen que es un pacto.

¿Como se dice nata en inglés?

Los viernes llega Atalanta de la factoría de
Ignacio y frente al buzón, viendo sus biles grita:
"Llegué yo, la hija de Esperanza la billetera.

Cansá, cobra´, cabriá, con celular y celulitis,
comiendo cerezas y ciruelas.
Cámbiame los vasos y los hombres, coño".

El hijo de María es su hermano.
Y su papá también es el papá del hijo de
su hermana. Su sobrino es su tío. Su abuelo
es el papá y marío de su mamá. Ese braguetú
no ha ido a la cárcel ni de visita. A la hermana
de su mamá le pasó, una sola vez, lo mismo.
Pero esa lo resolvió diferente. Esta pre-ciosa.
Pre-sa. Que fuellllte. Porque el abuso es el
abuso es el abuso es el abuso. Lo haga tu mai,
tu pai, tus hermanos, tus amigos, tu marío, tus
hijos, el gobierno, el circo de los hermanos
Barnum, el del Sol o los santos celestiales.

Dulce, la del 4d, con su par de árganas, cananas
como caderas. Sin complejo, con sus chicle
rojos, sus licras marcándosele hasta el
pensamiento.

Mirta negocea, hace sanes-sociedades,
préstamos y rifas. Me, my people in the global
economy.

Maritza Bryant, de San Pedro, es aquí la cónsul
de por vida de los cocolos. Y trabajá bien la
harina. From bollos to yaniquecas to dumplings
to pastelones.
Our own food channel. Caña es su San
Antonio.

La hija de Clarissa la rayana, la del 4to piso,
se puede volver loca de tanto estudiar.
Se graduó aquí, se fue upstate y se graduó
dos veces. Ivy league, liga nacional. La biliger.
Cuando viene, cree que está visitando al
zoológico.
Nos pregunta muchísimas pleplas.
Dice "Wow" cuando le parece bien.
"Oh My Godness", si le sonamos mal.
Come fat free sancochos, las habichuelas con
dulce 2%, bofe y pipián con 0 trans fat,
chicharrones sin colesterol, eco-friendly
morcillas, sus empanadillas sin cafeína y
yaniquecas light.
Ella fue con sus diplomas, amigos americanos,
su ropa Banana Republic y su corona desrizá,
a la influenza Condi Rice y no la dejaron entrar
a una discoteca por prieta. A la fiesta que pudo
entrar, no la sacaron a bailar por lo mismo. Y
yo no he visto al primer dominicano blanco.
Deben existir.
Pero yo nunca lo he visto.
¿Tú te imaginas, a un dominicano blanco?
Oye a e'te dique blanco. Mírale la nariz.
Mírale la boca. Mírale las nalgas. Míralo
bailando.
Esas no son cosas de blancos.

¿Nueva York es solo Nueva York o incluye
New Jersey y Lawrence?

Te lo pregunto porque no se cómo explicarle a
mi tía que mi prima está en Lawrence. Y que no
es como de su casa a Los Minas.

Ayer éramos todas invitadas a hacer bulto,
en el 9C, en la boda de Inocencia y un vivo-
muelú-pechú, culichumbo y baila malo. Ojalá y
pague los cuartos a lo que se comprometió. Si
tú lo ves dandole el beso pa' la foto...tu jura que
salió de esas telenovelas donde nadie habla ni
se parece a nosotros. Aprovechao.
Ya ensayaron todas las preguntas de siempre.
Si, si, si, los colores de panti, cuánto gana, todos
los nombres de las dos familias, sus gustos
-por atrás-bañarse antes de acostarse-cortarse
los pelos de la nariz los viernes-mirar la noticia
en la cama... Lo que más le gusta comer es
locrio.
Eso fue lo único que no pudieron traducir.
Locrio.
Lowkeyrio.Low-key-rio.

Ese culo cagao llamó a la policía porque le
di una buena pela. Me roba-me habla mal-le da
golpes a sus hermanas-no va a la escuela-si va a
la escuela pelea, fuma de todo y bebe. Llamó a
la policía. Vinieron. Les dije que aquí yo soy la
ley para pagarlo todo. Por eso aquí se hace solo
lo que yo diga.
Llévenselo. Llévenselo a él y a sus hermanas,
si ustedes quieren. Pónganle otra mamá.
A esa ustedes le van a pagar. Aquí coño no va

lo de los areticos en todas partes del cuerpo, la lengua, las cejas. Ni los pantalones con los fundillos afuera.
Si quieren ser hombres y mujeres para una cosa, van a ser hombres y mujeres para todo.
Los azules se fueron como vinieron.
Riéndose en inglés y sin muchachos.
La semana que viene se lo voy a llevar a su papá.
Antes de salir de recoger la maleta, le voy a dar la pela que yo le quería dar. Desde la barriga ese muchacho fue así. Fueron nueve meses en cama, tres días de parto. Ese muchachito lloró hasta que cumplió los cinco años. ¿quién se chupo todo eso?
Hijo: that bitch wants her cake and eat it too... to live here and bring me up as there. She has no clue that even there all things have changed. Wake up woman.
Or here or there? Resident-citizen-tourist...that ain't possible. Keep trying. Waste your time but not mine.
Hija 1: yeah, that shit does not work like that man. As soon as I'm 18, I'm out here y'all, for good.
Mamá: Tu vera…sigue contestando.
Hija 2: For some things they are Dominicans and for others they are American. What kind of shit is that?
I 'betcha that when she was young she was worst than us three.
Mamá: ¿Qué es lo que rezan?

Mira a la otra, con un ojo tapao con la pollina enchumba de vaselina. ¿Es la moda de pirata? AH! Imo. Qué carajo es eso. ¿Qué es lo que cuchichean muchacho er coño? Cállense, que los muchachos hablan cuando la gallina mea.
Hijo: You do that bitch.
Mamá: Mejor corre porque si te agarro te pico.

Incluir en esta parte siguiente del montage referencias a la operetta Carmen

Carmen. Carmencita la del 6E. Música, música, música. MUSICA. Siempre dice "Hablemos poco y bien". Trabaja en la factoría de cigarros allá arriba.
Cuando va pa'l trabajo los mecánicos salen del flat fixed "El heavy" a decirle lo mismo cada mañana. Ése es el desayuno de todos.
Para ella también. "Carmen qué sabor tú tienes, Carmen". Ella camina. Se sonríe.
Se acerca al grupo y le topa el güebo a uno. Le busca en el bolsillo a otro. Y sigue caminando como si nada. Cuando regresa siempre le tiene una sorpresa. Una vez se sacó una teta.
Otra vez se puso pintalabio rojo en frente de ellos. Le ha cantado. Le ha dicho secretos. El repertorio es inmenso como el Mar Caribe.
Se dijo hasta barriga verde con Rakli. Cuando le

dijo que si con su escoba no era lo suficiente…
se jalaron los moños. Carmen le escribió una X
en la cara con una navaja. Del precinto llegaron
rápido los azules. Quien la esposó, un tal
Joseph O´Hara, agarró su brujería cuando ella
le tiró una flor roja que tenía guardada en el
brassier. El O´Hara se enchuló. Se emperró. Le
soltó las esposas.
Cogió cárcel por ella. Lo soltaron. Lo mandaron
pa' la oficina. Pero él está aquí en el Ni e' 24
hours celándole las nalgas a Carmen. Ella
haciendo sancochos y cherchas con sus
tígueres, en full force. Celebrando
lo de siempre. Na. To. El ex-policía salió más
celoso que republicano con su frontera en
Arizona. Anochela jamaquió. Ella se reía. El
más se encojonaba. Esta tarde llegaron sus
canchanchanes con un pelotero de grandes
ligas. Carmen en cuerería. Bailando bachata
urbana y mambo violento, quemándose con el
pelotero del curly. Un mentao Escanio. Joseph
está que arde.
Voy a subir sólo a recordarle a este José que
aquí no aceptamos maltrato ni mucho menos la
muerte de la Carmen. Que arranque en fa'.
Pero la violencia no va. Aquí en el Ni e'
se re-escribe la novela.

(Final de La Carmen)

-¿Vecina, que tantas pasas le diste al niño.
Ahi ta fajao con muchas pasas en la boca?
-No le di pasas. El ha estado tranquilito
jugando en los gabinetes. Deja ver que es lo
que tiene en la boca el jodio muchacho ese.
Ay Jesucristo Sacramentado. Mirale los
buches llenos de cucharachas. Miiira mira.
Las cremitas de las cucharachas en toda la cara.
Y las paticas de las cucarachitas en sus
dientecitos.
Hay Dios mio. Este muchacho me va a matar.

En el cuarto piso está la licenciada, la
generalísima.
La que ha visitado Gracie mansión.
Pendenciando donde vive el alcalde. Le han
dado todas las placas, trofeos, citations,
proclamations, ajentaeition, bulteition,
disparateition, de baldeition, for nadeition.

Lisa vive en el apartamento con su mama aqui
en el Ni e´. Y son enemigas. Ella mide a la mai
con la mirada. Se atrevio a marcharle. Se
emburujaron a peliar.
Mi mamá se metio a separarlas. Tanto ¨toda yo¨
y uñas de los chinos y ella no da u chele pa los
gastos ni lava un vaso. Es enemiga de la mai
que la mantiene. Y si la vieras como es de
cariñosa con los vecinos. A mi que ni
me mire esa aquerosa.

Mi varón no es muy dotado en su parte que digamos, pero con lo que tiene hace maravillas. Sus dedos son de o ro ro y su lengua de diaman te te. Yo me llevo de los hom bre bre...con su palabrita dul ce ce...

Doña Tata, la del 3J, siempre insulta a todos igual. A las mujeres: "Mire tierrita, panti sucios. Sin concepto ni pregenio". Y a los hombres: "Mire tierrero, huele panti. Sin concepto ni pregenio".
Los muchachos de la esquina la llaman el Secreto de Victoria.

Doña Dilcia sabe más de reinas, reyes y princesas de Europa que lo que sabe del building. Esa revista Hola es su biblia, compañía y guía para su próxima vida.
Ella, mi infanta come yuca. Ella sabe a quién se singa el príncipe, quien en verdad desfloró, templó y preñó a la princesa y por qué la reina anda siempre con un truño. Di tú tu verdad.

Isabel is an outdoor girl. Can you believe it. A su mamá no le gusta ir ni a la yarda. La joven como siempre tiene su blanquito, esta con sus cosas del aire libre. Camping. Hiking. Trekking. Canoeing. Rafting. Todo lo que sale en las revistas.

Me dijo que la unica verguenza que paso con sus rubios friends, ¨at the beginning of finding her life calling¨, fue cuando vio una matica de lavander.
Ella juraba y juraba que eso no era lavanda. Eso no olia ni a fabuloso ni mucho menos a Mistolin.
Tierra comeme. Habra dicho el outdoor boy.
O dira otra cosa en su lenguaraje, que diga eso. Ascaracaracatiskis taskatiski tascaracatiskation.

Maya, la rubia del 2c, el cuco oficial del building. Dueña del bisturí. La que más alquila la navaja.
No puede negar que vive en el piso donde el 99% se recicló allá, hasta la vagina a cuchillá limpia, oreja, naríz, ojos, barriga-nalga-teta-papada-párpado-estómago-carpo-metacarpo-torso-metatorso-dedos-brazo, antebrazo-mano.
Sí, sí, hasta con su vagina diseñada.
Y virginizada. A Tania la viquita y a Kenia la fañosa le robaron sus cuartos. Esas mujeres están más gordas que lo que eran antes.
¿Gorda, tú no me conoces? Muchacha soy yo, Francis, la del 2A. La que se quedó en la operación fue mi prima Lucía. Yo acabo de soltar las maletas.
Acabo de llegar. Me hicieron nueva. Me hicieron otra.

La viuda del 9k, Doña Tinita, nos llevó a todas a salir en las noticias de las 11. Ustedes no me lo van a creer. Pero ella conoció a un hombre por internet. Mira que le decíamos Doña Tinita la poquita y oye que sorpresón. Dice su sobrina, la culichumba, que después de eso se le rompía la computadora a cada rato.
El lío era ella enseñándoselo a la camarita, enganchá en sillas, mesas, baúles. En todo lo que ella pensaba que era sexy.
Bueno, el cibernético apareció y le barrió el apartamento. Se llevó desde la tarjeta de seguro social hasta la computadora que retrataba los pedacitos donde vive el 'guto. Ay Dio', ahora ella parece que se va a morir de la vergüenza. No se oye ni rezando el rosario. No se le ve ni botando la basura. Ella que había comenzado a reírse y a pintarse las uñas y la boca de rojo.

Yo todavía me estoy riendo de las ocurrencias de Cheila, óyela:
"Esteban y yo nos dejamos hace una semana. Yo lo llamé para que viniera a ponerme tres bombillos que se fundieron.
- "Qué bombillo ni bombillo, yo sé pa' que tu me llamas".
"¿Tú crees que yo te estoy llamando por el ripito viejo ese?".
- " Si, zorra fresca".
"Y si es así, ¿que tu va a hacer?".
- " A subir, yo estoy aquí abajo".

"Un día de estos, nos vamos a soltar en banda. Pero ya que estas ahí, zorro tímido, sube, sube Esteban-dido.
Sube alléntame y pónme el bombillito ese".

Venecia 7B trabaja cuidando la puerta de la gallera que está en el edificio next door. Por fin entre a su casa. E' ma chula. Tiene discos 45, 33 long play, eight track cartridges, cassettes, Cds y DVD. Todos funcionan a la maravilla. Tu la ves y no aparenta todo lo que ella sabe de boleros y boleristas.

Andrea la del 6to piso realizes the truth.
Tú has estado conmigo durante la muerte de tanta gente en mi familia.
Tú has estado conmigo cuando perdi el trabajo.
Tú has estado conmigo cuando los dos accidentes.
Tú has estado conmigo cuando se me quemo la casa alla en Villa.
Tú has estado conmigo cuando me dieron deposé.
Tú has estado conmigo cuando me deportaron la primera vez.
Tú has estado conmigo cuando me asaltaron.
Tú has estado conmigo cuando me dijeron que tenía cáncer.
Cooooño hombre er diantre, tu me has traido demasiado mala suerte. Coge tu rilí, fuku del coño.

Yaniquecas
Taza y media de harina
1 cucharada de baking powder
1 cucharadita de sal
1 cucharadita de azúcar
4 cucharadas de aceite
1 huevo
1/3 agua bien fría
Junta la harina, azúcar, sal y polvo de hornear. Hazle un hueco en el medio. Pon el aceite ahi. Y mézclalo todo con un tenedor. Agrégale el huevo sin batir. Sigue uniendo todo.
Lo último es el agua. Agrégasela poco a poco hasta formar una masa suave. Amásala en la mesa -ponle harina primero.
Haz unos bollitos. Y con una botella o el bolillo extiende la masa. Dándole forma redonda. Hazle dos pequeños cortes en el centro para que no se inflen al freírlo. Fríe las Yaniquecas en mucho aceite (bien caliente) solo dóralas de cada lado. No la dejes quemar. En vez de freirlas, las puedes poner al horno. Si es asi, hazla mas finitas.

Candida, la del 7C, es el clon de Colón y sufre del colon, por el Colón effect. Conoce a la 1ra dominicana que se cayó en la nieve, al primer dominicano que se retrató al lado de un carro ajeno, a la primera dominicana que se hizo ciudadana, al primer dominicano que ganó una demanda y otras 16 vainas que por supuesto alguien tenía que hacer primero.

El mamagüebismo de Candida es diez veces más grande que las difuntas Torres y mi mala reputación juntas. Carmen and her Columbus syndrome dicen que están como el amor del caballero de la salsa. Para la historia.

Yo no sé quién fue que escribió toto en el elevador. Pero fui yo quién escribió todos los nombres y apodos posibles del bin bin, en los dos idiomas.

Levántate. Levántense.
Cinco minutos más. Mami please.
Las dos nalgadas please.
Levántate carajo.
El baño está ocupado mom.
Levántense les dije. Si no se quedaran hasta tarde en la fuñía computadora...
Levántense coño.
La bañadera. La peinadera.
Ay, no me jale. Así no. Yo no quiero esos moños así.
Tu no vas para la escuela con esa ropa.
Muchacha er' carajo, te dije que tu no vas para la escuela con esa ropa.
Quítese eso ahora mismo.
¿Tu te estas volviendo loca e'?
¿De dónde voy a sacar cinco pesos ahora?
Te puedo dar cinco pelos.
'Ute si ta' plebe tan temprano.
Plebe no. ¿Qué es lo que se cree la profesorita esa.

Que a mí me lo mandan en un cheque a la casa?
Entonces tu no vas pa' ningún viaje. Esas cosas
me lo tienes que decir a principio de mes para
yo organizarme. Las vainas no son así.
La desayunadera. Ahora. 'tan duros esos
plátanos mom.
I will just eat the yautía. Ustedes no son hijos
de Trump no.
No se puede dejar comida. No, no no.
Why don't you buy some fruit tart, cereal,
waffles or pancake mix? This ain't DR mom?
Oye, los americanos de Consuelo. A mí no me
gusta esa vaina. Eso no da fuerza. Vamo',
vamo',
que aquí nadie va a llegar tarde.
¿Te cepillaste los dientes? Amárrate los
cordones.
Súbete bien el zipper del abrigo chiquita.
¿A quién le toca fregar esta tarde? No quiero
encontrar reguero. Casa limpia. Tarea hecha.
Dile a la maestra que ella es la maestra. Que no
espere que yo haga tarea contigo. Que yo no
entiendo nada de eso. Ella no es la maestra?
Yo trabajo en una factoria. Y no tengo GED.
Tarea hecha les dije. Yo cocino tan pronto
llegue.
¿Qué es lo que tienes ahí? Deja ver.
Límpiate la nariz muchacha.
'ción. 'ción mami. 'ción.
Dios los bendiga mis hijos.

En este building-isla-barrio-pueblo...
Todas compramos la misma marca de
arroz grano largo, aceite de maíz y
aceite verde, el de la latica cuadra'.
Morisoñando con minute maid; arreglando
las sopitas instantáneas con papas, zanahorias
y pedacitos de yuca; San givin' con 'epagette
y ensalada rusa; pilón y canquiña pa'
Halloween.
Y un angelito pa' Christmas.
Yaniquecas el sabado.
Tres Leches de la panaderia.
Mayiret. Mayareting. Majarete.
Sin ninguna traducción posible,
el mejor de los postres del mundo,
by far.

En cada apartamento se cocina lo mismo
pero diferente.
¿Tú me entiendes?

2 X 2   4 X 6   5 X 7   8 X 10   11 X 14

Mom I found your past.
Your past, in this huge bag.
Oh My!
Encontre una funda shopping bag de
Alexander´s con otras fundas mas chiquitas
adentro.
Una funda con muchos sobres manila y
blancos.
Otros sobres que ya no están blancos.
Sobres color cobre sujetados con su goma o
unas cintas.
 Fotos. Fotos. Un truck de fotos.
2 X 2   4 X 6   5 X 7   8 X 10   11 X 14
Polaroids instantaneas. people faded as
fantasmas.
B & W   color con bordes como montañitas
Fotos de allá. De aqui. Una cucarachita
disecada.
Petalos de flores resecos.
Actas de nacimientos. De muertes. Pasaportes
viejos. Color indio. Señas particulares
ningunas.
Pasaportes rojos. Countries for which this
passport is valid .Todo el mundo. Este
pasaporte no es válido para viajar a Cuba,
China comunista, Rusia y demas
paises satelites de la órbita soviética.
Cancelado. Cancelado. Cancelado.

Con sus tres moñitos. Sentada en un pupítre que tiene a su derecha a la tierra en globo (solo para la foto). Con lápiz en la mano, como si estuviera escribiendo. Mirando al frente. El uniforme es una yompa y blusita de cuadritos.

Background pintado. Foto B & W. La foto todavia esta en un marco de cartulina blanca. Un paquete sin usas de Letras Set. Fyers de una gira a la Montaña del Oso. En verano en Nueva York, como canto el Gran Combo.

Fotos de cumpleaños. La festejada en el medio y un montón de muchachitos alrededor.
Bizcocho en forma de regalo.
Bizcocho con una muñeca.
La falda de la muñeca es el bizcocho.
En la tabla donde esta el bizcocho hay bolitas chiquititas de plata. Grajeas (grito mi mamá desde el baño). Mas fotos de cumpleaños. Los mismos invitados. Peinados iguales. Vestiditos iguales.
En la mesa hay unos tubitos con flequitos en cada borde. Imagino que estaran llenos de dulces.
Mas fotos de cumpleños. Ahi esta la afamada mujer flaca de los cumpleaños. Con una bandeja. ¨Quien no baile no le doy bizcocho¨.

Look at yourself Mom. La primera comunion.
´Taba guapa?
Ahí me parezco mucho a usted.

Ay Diooooo.
Miren a Mamá, que orgullosa el dia de que
su hija oficialmente se come el cuerpo de
Cristo.

Con botas, mini faldas, camisas de bolas,
con un recorte como los Beatles. Esos ojos muy
bien delineados. Y una carita de muchachita
buena.
Boys Scouts. Y las Guías.

Un grupo de jovenes. Flaquitos todos.
Muy elegantes. Sentados en una mesa laaarga.
5 toronjas llenas de palillos con queso o quizas
salchichón. Todos miran a la camara. Menos el j
abao que miraba a mi Mai. Se la va a comer.
Ofréjjcome.

Mamá con su neceser y el avion de Pan Am
en el background. La doña estaba entera.
Que piernotas en sus medias finas.
Y un suit. Como una viajera tutumpota.

Una enrrama´. Una fiesta. Los mismos jovenes
de la otra foto. El tipo sigue mirando a mi
mama como que si se la quisiera comer con los
ojos.

Fiestas patronales. Fotos de Niní Cáffaro.
Luchy Vicioso. El Negro Plebe. Hilda Saldaña
en un outdoor stage.
Fiesta en el Centro Social Romanense.

Fiestas patronales Santa Rosa de Lima.
Fotos de Félix del Rosario y los Magos del
Ritmo. Con unos outfit de mucho brillo.
Hay tres de los musicos con sus shades on.
Grooooovye!

Foto de una muchachita sentada en un murito.
Quien la agarra se esconde detras.
Pero se le ven las manos. Creepy man.

No sabia que mi mamá jugó volley ball.
Ahí esta con sus pantaloncitos cortitos.
Y gritando algo que parece un San Antonio.
Ave Maria Purísima, doña.
Mas fotos de deportes.
Mas fotos de las Fiestas patronales.

¿Así era la Romana?
Interesting.
Procesion en Semana Santa.
La dolorosa. El Santo Encuentro, el Santo
Entierro…
Las caras me dan miedo.
Cuanta gente.
Con mantillas en la calle.
Con el dolor en los ojos.
Con los via cruxis cruzao.
Mira a esa señora la he visto.
Sigue igualita. Flaquita.

¿Y quién es este del afro y sus
pantalones campanas?
Mi mamá con sus pantalones hiphuggers.
-con su baja y mama
-con su afro
-con su vestido corte princesa
-con un línea A
-bagardina-gabardina-polyester
-minis-maxi-midi
-con shoulder pads
-con su melena.
-en un Tupperware party.

De cuadritos. De bolitas. De rallitas. Florecitas.

¿Eso es en Brooklyn?
Retratos al lado de un carro decapotao
rojo. Carro ajeno.
Obvio.

¿Y esas blanquitas mom. Usted tenía amigas
Americanas.
Se lo tenia callao?
-Esa gente esta aqui desde hace mucho.
Esto es de ellos. Como no iba a conocer un par
de ellos.
Esas daban clase de inglés en la escuela que yo
iba de noche. Eran muy voluntariosas. Parecian
del Cuerpo de Paz. Al final se metieron todas
con los estudiantes dominicanos. Y las sacaron
del programa.
También ellas llegaron al tener el Caribe entero

entre sus piernas.

En la brincolera que se le mete a uno cuando esta joven. Pela y guto con esos magnates. Pela y guto. Zero mata zero. Me parece bien. Pela y guto. Eso es lo que hay. Caribe y Pacífico. Atlántico y Mar Muerto. Asi es. Todavia hay una que vive con su tígere cerca de Delancy. Cuando llegaron, las poniamos a decirle cara de peo, mojón, a los directores y a los otros estudiantes. Imagínate eso. Que la profesora te salude con ¿Cómo ista cara di peo?

Fotos en la nieve.
Caminado en Times Square sin
Mickey Mouse.
Mas fotos en la nieve.
Mucha nieve.
Fotos en el tren.
Tren verde obscuro y con graffiti all over.
Mas fotos con carro ajeno.
Fotos en el Happy Hills Casino.
En la mesa un bizcocho Valencia.
Fotos en Central Park.
La montaña del Oso.
Las Cataratas del Niagara
Y las manos en las cinturas.
Las manos en la barbilla.
Los lentes de sol.
El cuadre.
En una Vespa.
La cachucha.

El estrallón.
Zapatacones.
Tacos de todos los tamaños

Veo afros.
Rolos.
Jerri curl
Caco rapao
Pelo cortito
Shaggy
A la Farrah Fawcett
A la Betty Misiego
Melena
Rallitos
Tintes de cada color posible

Fotos en paris de apartamentos.
Muchos LPs en el suelo.
Antes de irme a Santo Domingo.
Despues de venir de Santo Domingo.
Baby shower
Despedida de soltera
Cumpleaños
Aniversarios
Un asopao.
Un sancocho.

Matrimonios por negocios
San givin´
Christmas. Muchas fotos de Christmas.
El árbol lleno de regalos y lucesitas que en las fotos se riegan.

¿Que usted fue a Mexico? You are such
a cajita de sorpresa. Cancún. Puebla.
Piramides. Casa Azul. Mexico DF

Fotos de la fiesta de San Givin´en la factoria
Fotos de la fiesta de recaudacion del
club deportivo De alla Aqui.
Fotos del juego de softball del Club
deportivo de alla aqui.

Fotos del Ni e´hace 30 años.
Habia un Woolworth en la essquina.
El ten cent.
Mira el lobby. El hall del 3er piso.
Royal Ni e´.
My Goooooooooooooodness.

¨Sus manos¨ escritos en tres sobres blancos,
tamaño legal.
¨Sus manos¨ escrito en la letra de Mamá.
¨Cortesía de Maria¨.
¨Cortesía de la Comadre¨.
¨Cortesía de La Buena¨.

My mom pregnant. Que buenamoza!
Te puse a valé mami.
El baby shower de mom. Mio.

Yo baby. Yo en el caminador.
Yo haciendo solito. Yo comiendo sola.
Que no es lo mismo ser una come sola.

Me en Halloween. En Eastern.
Donde la babysitter. La graduación de
kinder. Con mi madrina y mi padrino.
Con abuela. Con todos mis dibujos de casas,
soles y estrellas.
Mi mama graaaande en la página.
Yo volando. Flores. Las caderas de mi mamá
como dos arrows. Mas dibujos de flores y soles.
Mom mas grande que la casa. Casa que nunca
vi ni vivi.
Yo con dos colitas que no tenia.

En Great Adventure.

Fotos de mis cumpleaños.
Los invitados viven en el Ni e´.
Bizcocho como un regalo. Blanco con el lazo
rojo.
Bizcocho con una muñeca en el medio.
El suspiro es rosado. La falda de la muñeca
es el bizcocho. Bizcochos y sourvenirs con
Raggedy Ann. Mas fotos de cumpleaños.
Las mismas poses. Los mismos invitados.
Una piñata.
En Disney.
En Coney Island. Orchard Beach.
Central Park.
Ice Skating in la 110.

LOL Cojones

AAA (aquí alante alante)
ATU (alla tu)
AQ@ (aqueroso/a)
ATT (aquí ta to)
AFT (aquí ful de to)
AQT (ay que tígere)
ADB (ahí de boquita)
AEA (apúntame en tu agenda)
AMM (ay mi madre)
ADM (ay Dio mío)
ADV (amor de mi vida)
AEG (abajo el gobierno)
AÑO (añemao)
ABO (absoluto)
AGR (agradecid@)
ACÑ (ay coño)

BAM (bien amada/o)
BBO (baboso)
BTO (bulto)
BRO (bultero)
BFL (barajando full)
BEN (bendecid@)
BBB (Bueno bonito barato)

CTT (como tu ta)
CTC (como ta la cosa)
CTL (como tu ta loc@)
CLO (cójelo)

CSA (Cojelo con su avena)
CÑO (Coño)
CNU (Cojonú)
CCE (Con cojones)
CUC (comiéndome un cable)
CMA (come mierda)
CCA (cacata)
CBM (cállese buena mierda)
CED (cuero er diantre)
CLN (cómeme león)
CDM (corazón de melón)
CDA (Caballero dígase algo)
CMC (con mucho cariño)
CBN (cabrón)

DMN (dímelo mujerón)
DPI (dímelo papi)
DAC (de acuerdo contigo)
DQJ (diantre que jablador)
DMO (dámelo)
DUC (dame un chin)
DPS (dia pa' singa)
DYK (dominican york)
DDA (dominicano de allá)
DCHE (diache)
DTE (diantre)
DCO (deja el coro/corillo)
DDR (destornillá de la risa)
DDD (drama, drama, drama)

EEE (eso esta excelente)
EPM (eres pura miel)

EEB (eso está bomba)
ENE (eso no es verdad)
EMK (eso me killa)
ECT (ete cohete)
EJO (eto se jodío)
ENT (eso no ta)
ETT (eso ta to)
EGA (entregá)
ELO (en la olla)
ESP (eso es paja)
EPP (e' pupu)
ETF (eso ta fuerte)
EUJ (eso es una joya)
ESO (espéralo sentao)
EEP (eso está de pinga)
EBA (en beba)

FDF (fin de semana de frescuras)
FPP (feo pa la película)
FFF (freed from Facebook)
FSO (fantamoso)
FCV (frejco Viejo)

GQR (guay que risa)
GRS (gracias)
GMM (guay mi mai)
GGG (guto guto guto)

HME (hola more)
HCH (hola chulo/chula)
HFA (hola familia)
HJN (hola joven)

HCO (hola cariño)
HEM (hablo el mandamá)
HDS (hablo dios)
HSE (hasta siempre)
HDO (he dicho)
HP (hijo puta)

ITQ (igual te quiero)
(IME) (imeleame. Si, imelear es un verbo!)
ITE (interesante)

JSO (jabladoraso)
JDR (jablador)
JTA (jartura)

KTL (Kille total)
KKN (kinkán)

LVO (loco viejo/a)
LBN (lambón)
LDN (ladrón)
LTO (ladroncito)
LSO (ladronaso)
LZO (ladronasasazo)
LDO (lo dijo)

MRE (more/moreno)
MGV (me gusta esa vaina)
MGM (me gusta mucho/muchísimo)
MHF (me haces falta)
MDE (mi derriengue)
MSI (me se importa)

MGS (mangansón)
MMG (mamagüebo)
MMO (mamagüebaso)
MJN (mojon)
MJO (mojonaso)
MCO (mardito cuero)
MÑA (maca ñema)
MSL (me sacaste lo pie)
MLU (muelú)
MPM (mi papi mío)
MMM (mi mami mia)
MPL (mi panal)
MTN (matatán)
MNA (mierquina)
MTRO (montro)
MDG (me dejaste guindando)
MQB (me quede en babia)
MCÑ (mire coño)

NJS (no jodas)
NMJ (no me jodas)
NVO (negativo)

ÑSO (coñaso)
ÑMA (ñema)

OAE (oye a 'ete/a)
OME (ofrejcome)

PYO (pariguayo/a)
PJO (pajero)
PGN (pulgón)

PVO (positivo)
PPI (papi)
PDM (papaupa de la matica)

QMO (que malo)
QBO (que bueno)
QVA (que vaina)
QVE (que vaina 'eta)
QCS (que cojones)
QOV (que ovarios)
QDO (querido)
QAR (querido amor)
QLQ (que e lo que)
QDE (que deguañangue)
QLO (que lio)

RCM (racista cabrón de mierda)
RTO (respeto tu opinión)
RMO (respeta mi opinión. no no es romo)
RDS (respete lo diferente señor)
RMÑ (respétame coño)

SCO (sin comentario)
SGN (singón)
SGA (singar, singuita)
STG (se te quiere de gratis)
SCR (Sin coro)

TTP (tu ta pasao)
TTJ (tu ta jodon)
TTC (tu ta caliente)
TVC (te vendes caro)

TTP (tu ta perdío/a)
TSF (tu si eres falsa/o)
TFN (ta' fuñón)
TTB (tu ta bueno/a)
TRE (te regreso lo que enviaste)
TQM (te quiero un montón/te quiero mucho)
TFO (tan feo)
TBO (tan bonito/a)
TAP (te amo papi)
TAM (te amo mami)
TÑM (te extraño More)
TVM (te veo montro/a)
TFE (ta fuellllte)
TTT (tu ta' to')
TLO (tómalo)
TNF (tu no ta fácil)
TCO (te copio)
TSO (tigeraso)
TEA ('toy e'plota)
TUA (titua)
TKT (túkiti)

UEF (usted es un fronti)
UEP (usted es una postalita)
UBO (un beso)
UMA (una mordidita)
UCN (un chupón)
UEM (usted es el mejor)

VDA (virgen de la Altagracia)
VSA (virgencita)
VML (vaya mi loco)

VAF (vamos a hacer frescuras)

WQC (wow que chulo)

XXX (encendío a la 3ra potencia)
XLM (por lo mismo)
XDS (por Dios)

YST (Yo soy tuya/o)
YEF (Y e' fácil)
YLS (Ya lo sabe)
YCA (Y cual es tu afán)
YAQ (Y a mi que)
YPO (Y punto)

ZPG (Zape gato)

www.ingramcontent.com/pod-product-compliance
Lightning Source LLC
LaVergne TN
LVHW051528070426
835507LV00023B/3364